天然の色を編む

ソノモノ
オオモノ

文化出版局

contents

4　ガンジーセーター
6　ダイヤ柄のバルキーセーター
8　バルキーカーディガン
10　後ろあきのアランベスト
12　ヘキサゴン柄のカーディガン
14　トリニティステッチのセーター
16　かぎ針編みのプリーツスカート
18　モチーフつなぎのカーディガン
20　フリルつきカーディガン
22　ブリオッシュステッチのセーター
24　ジグザグ模様のタートルネックセーター
26　レース柄のベスト
27　レース柄のチュニック
28　アイスランド風ヨークセーター
30　ドロップショルダーのベスト
32　ノルディック柄のセーター
34　花模様のカーディガン
36　ふわもこカーディガン
38　方眼編みのベスト

40　この本で使用した糸
41　編みものの基礎
47　作品の編み方

ガンジーセーター　see page 50

憧れの伝統ニット、ガンジーセーター。裾の作り目、前後差のない身頃、脇のまちなど、細部まで本格的なつくりにこだわりました。

yarn｜ソノモノ《合太》
designer｜風工房

ダイヤ柄のバルキーセーター　see page 52

広めの身幅とスクエアなシルエットがボーイズライクな一枚。極太糸でざくざく編めるので、寒くなってからの冬支度にもおすすめです。

yarn | ソノモノ グラン
designer | blanco

バルキーカーディガン　　see page 47

コクーンシルエットがかわいいカーディガンは、アウターとしても重宝しそう。シームレスなので太糸でも着心地いいのがうれしい。

yarn｜ソノモノ《超極太》
designer｜blanco

後ろあきのアランベスト　　see page 54

トラディショナルな柄行きのアランを、遊び心のあるデザインのベストに。シャツやワンピースとのレイヤードを楽しんで。

yarn｜ソノモノ アルパカウール
designer｜風工房

ヘキサゴン柄のカーディガン　　see page 56

透しディテールがありながら、どことなくハンサムな
カーディガン。きちんとした着こなしにも、リラックス
タイムにもフィットします。

yarn｜ソノモノ アルパカリリー
designer｜武田敦子

トリニティステッチのセーター　　see page 60

肌触りのいいロイヤルアルパカのセーターは、タンクトップの上にさらっと着られる心地よさ。秋口から春先まで長く楽しめます。

yarn｜ソノモノ ロイヤルアルパカ
designer｜岡本啓子　knitter｜本郷サイ子

かぎ針編みのプリーツスカート　see page 62

スカート丈分を作り目して、引上げ編みでひだを作りながら編み進みます。ひだ数を増やすことでサイズアレンジも可能です。

yarn｜ソノモノ アルパカウール《中細》
designer｜岸 睦子

モチーフつなぎのカーディガン　　see page 64

ナチュラルカラーの配色が新鮮なモチーフつなぎのカーディガン。編みながらつないで、少しずつ形になっていくのも楽しい時間です。

yarn｜ソノモノ アルパカウール《中細》
designer｜サイチカ

フリルつきカーディガン　　see page 66

羽が生えたようなフリルが目を引くカーディガン。ふんわり空気をはらんだ軽い糸だから表現できる、とっておきのデザインです。

yarn｜ソノモノ ヘアリー
designer｜岡まり子　knitter｜水野順

ブリオッシュステッチのセーター　　see page 68

2色の凹凸と陰影が美しいブリオッシュステッチのセーター。ボックスシルエットとダブルの衿ぐりで、メンズライクに仕上げました。

yarn｜ソノモノ アルパカウール
designer｜marshell

ジグザグ模様のタートルネックセーター　　see page 70

長めのリブと上品なキャメル色が大人っぽいセーター。四角い身頃にほどよくつけた肩下りの効果で、体に美しくなじみます。

yarn｜ソノモノ アルパカウール《並太》
designer｜岸 睦子

レース柄のベスト　see page 59

鈴なりのベリーみたいなボッブルが印象的なベスト。直線編みの身頃をはぎ合わせ、衿ぐりと袖口を拾うだけの簡単仕立てです。

yarn｜ソノモノ アルパカウール《並太》
designer｜風工房

レース柄のチュニック　　see page 59

ベストの着丈を5模様のばして腰回りをカバーするチュニックに。チャコールグレーでも美しく編み地が浮かび上がります。

yarn｜ソノモノ アルパカウール《並太》
designer｜風工房

アイスランド風ヨークセーター　　see page 72

ぬくもりを感じさせる羊色のロピ風セーター。輪に編んで、とじはぎが少ないので、ウェア初心者にもトライしてほしい一枚です。

yarn｜ソノモノ グラン
designer｜池上 舞

ドロップショルダーのベスト　　see page 74

ミニマムなテクニックで編めて、3シーズン着回し自在なベスト。肩と脇の1目ゴム編みが効いて、体を暖かく包み込みます。

yarn｜ソノモノ アルパカウール
designer｜鎌田恵美子　knitter｜小林知子

ノルディック柄のセーター see page 76

身頃も袖もヨークも、編込み模様は表だけを見て輪に編みます。根気はいるけれど、編みやすい工夫がうれしいセーターです。

yarn｜ソノモノ アルパカウール《中細》
designer｜岡まり子　knitter｜水野順

花模様のカーディガン　　see page 79

大きなポップルの花、袖山にタックを寄せたパフスリーブと、かわいいを詰め込んだカーディガン。パンツスタイルで大人っぽく。

yarn｜ソノモノ ヘアリー
designer｜野口智子

ふわもこカーディガン　　see page 82

ブークレヤーンのテクスチャーを味わうカーディガン。エポレットスリーブと前立てと裾の別糸使いで、きれいな形をキープします。

yarn | ソノモノ アルパカブークレ、ソノモノ アルパカウール《並太》
designer | 河合真弓　knitter | 沖田喜美子

方眼編みのベスト　　see page 85

どこか懐かしいのに新しい方眼編みのベスト。Tシャツとパンツのラフなスタイルにプラスするだけで、旬な着こなしに。

yarn｜ソノモノ《合太》
designer｜川路ゆみこ　knitter｜山本智美

この本で使用した糸

ソノモノ アルパカウール
ウール60％、アルパカ40％
40g玉巻（約60m）

ソノモノ アルパカウール《並太》
ウール60％、アルパカ40％
40g玉巻（約92m）

ソノモノ アルパカウール《中細》
ウール60％、アルパカ40％
40g玉巻（約180m）

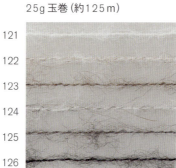

ソノモノ《超極太》
ウール100％
40g玉巻（約40m）

ソノモノ《合太》
ウール100％
40g玉巻（約120m）

ソノモノ グラン
ウール80％、アルパカ20％
50g玉巻（約50m）

ソノモノ ヘアリー
アルパカ75％、ウール25％
25g玉巻（約125m）

ソノモノ アルパカリリー
ウール80％、アルパカ20％
40g玉巻（約120m）

ソノモノ ロイヤルアルパカ
アルパカ100％（ロイヤルベビーアルパカ使用）
25g玉巻（約105m）

ソノモノ アルパカブークレ
ウール80％、アルパカ20％
40g玉巻（約76m）

毛糸に関するお問合せ先
ハマナカ
http://www.hamanaka.co.jp
商品情報は、2024年8月現在のものです。

編みものの基礎

［かぎ針編みの基礎］

作り目

鎖の作り目

1
左手にかけた編み糸に針を内側から入れて糸をねじる

2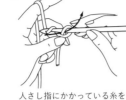
人さし指にかかっている糸を針にかけて引き出す

3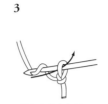
針に糸ををかけて引き出す

4
繰り返して必要目数編む

5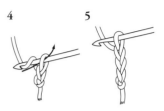

鎖状になっているほうを下に向け、鎖半目と裏山に針を入れる

作り目からの拾い目は鎖半目と裏山に針を入れる。作り目の反対側を拾うときは、残った鎖半目を拾う

鎖編みの輪の作り目

1
鎖編みを必要目数編み、1目めの鎖半目と裏山に針を入れる

2
針に糸をかけて引き出す（最後の引抜き編み）。輪の中に針を入れて1段めを必要目数編む

編み目記号

鎖編み

1 **2** **3** **4**
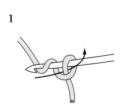 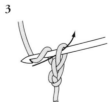 

いちばん基本になる編み方で、作り目や立上りに使う

引抜き編み

1 **2** **3**
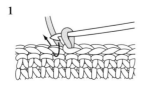  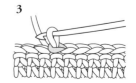

編み目の頭に針を入れ、糸をかけて一度に引き抜く

41

編み目記号

記号		手順
細編み		   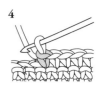

立上りに鎖1目の高さを持つ編み目。針にかかっている2本のループを一度に引き抜く

| 中長編み | |  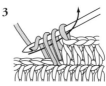 |

立上りに鎖2目の高さを持つ編み目。針に1回糸をかけ、針にかかっている3本のループを一度に引き抜く

| 長編み | | 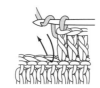 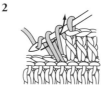 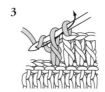 |

立上りに鎖3目の高さを持つ編み目。針に1回糸をかけ、針にかかっているループを2本ずつ2回で引き抜く

| 長々編み | |   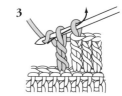  |

立上りに鎖4目の高さを持つ編み目。針にかかっているループを2本ずつ3回で引き抜く

| 三つ巻き長編み | | 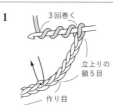 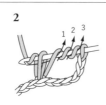   |

立上りに鎖5目の高さを持つ編み目。針にかかっているループを3本ずつ3回で引き抜く

| 長編みの表引上げ編み | | 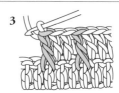 |

前段の柱を手前側からすくい、長めに糸を引き出して長編みと同じ要領で編む
※細編みの場合も同じ要領で編む

| 長編みの裏引上げ編み | | 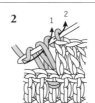 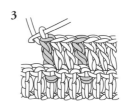 |

前段の柱を裏側からすくい、長めに糸を引き出して長編みと同じ要領で編む
※裏を見ながら編む際は、表引上げ編みを編む　※細編みの場合も同じ要領で編む

細編み 2目編み入れる 	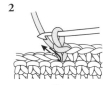	前段の1目に細編みを2目編み入れ、1目増す
長編み 2目編み入れる 		前段の1目に長編みを2目編み入れ、1目増す　※長々編みや目数が異なる場合も同じ要領で編む
長編み 2目一度 	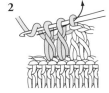	未完成の長編みを2目編み、一度に引き抜いて1目減らす
中長編み3目の 玉編み 	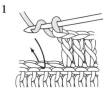	前段の1目に未完成の中長編みを3目編み、一度に引き抜く　※三つ巻き編みの場合も同じ要領で編む
鎖3目の ピコット 	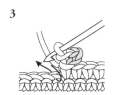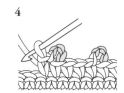	鎖3目を編み、細編みに針を入れ、針にかかっている3ループを引き抜く

モチーフつなぎ

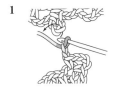  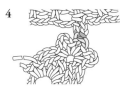

| 2枚めのモチーフの途中で
1枚めに針を入れる | 引抜き編みを
きつめに編む | 鎖編みを編む | 2枚めの続きを編む |

とじはぎ

巻きかがりはぎ　全目

編み地を中表に合わせ、それぞれ最終段の頭の糸を全目（2本ずつ）に針を入れてかがる

根もとがついている場合	根もとがついていない場合
前段の1目にすべての目を編み入れる	前段が鎖編みのとき、鎖編みごとすくって編む。束にすくうという

［棒針編みの基礎］

この本の図の見方

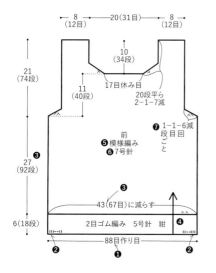

- ❶ 編始め位置
- ❷ ゴム編みの端目の記号
- ❸ 寸法(cm)
- ❹ 編む方向
- ❺ 編み地
- ❻ 使う針
- ❼ 計算

増す場合は減し方と同じ要領で減し目を増し目に変えます

作り目

指に糸をかける方法

1 糸端から編み幅の約3倍の長さところに輪を作り、棒針をそろえて輪の中に通す

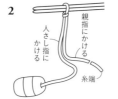

2 輪を引き締める。1目の出来上り

3 糸玉側を左手の人さし指に、糸端側を親指にかけ、右手は輪を押さえながら棒針を持つ。指にかかっている糸を矢印のようにすくう

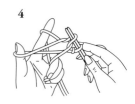

4 すくい終わったところ

5 親指にかかっている糸をはずし、その下側をかけ直しながら結び目を締める

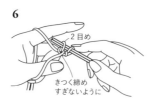

6 親指と人さし指を最初の形にする。3〜6を繰り返す

7 必要目数を作る。これを表目1段と数える

8 2本の棒針の1本を抜き、糸のある側から2段めを編む

別鎖で目を作る方法

1 編む糸と近い太さの糸で鎖編みを編む

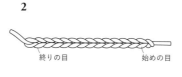

2 必要目数より1〜2目多く、ゆるめに編む

3 鎖の編終りの裏山に針を入れる

4 必要目数拾う。表目1段と数える。拾うときは、鎖の編終りから糸をほどいて棒針に移す

編み目記号　編み目記号は編み地の表側から見た操作記号です。
　　　　　　かけ目、巻き目、すべり目を除き、1段下にその編み目ができます

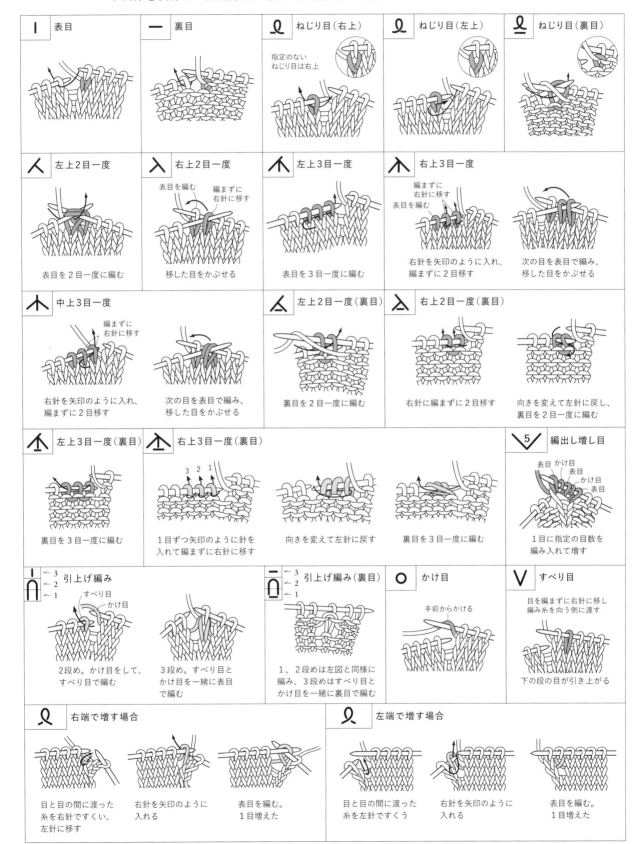

目の止め方

● 伏止め

1 端の2目を表目で編み、1目めを2目めにかぶせる

2 表目を編み、かぶせることを繰り返す

3 最後の目は引き抜いて糸を締める

● 伏止め（裏目）

1 端の2目を裏目で編み、1目めを2目めにかぶせる

2 裏目を編み、かぶせることを繰り返す

3 最後の目は引き抜いて糸を締める

1目ゴム編み止め［両端が表目2目］（ ）内は右端表目1目の場合

1 1の目は手前から、2の目は向うから針を入れる（1の目＝向う、2の目＝手前）

2 1の目に戻って手前から、3の目に手前から針を入れる（1の目＝手前、3の目＝向う）

3 以降、表目どうし、2の手前から針を入れ、4の向うから針を入れる

4 裏目どうし、3の向うから針を入れ、5の手前から針を入れる

5 3、4を繰り返し、左端の表目2目に図のように針を入れる

とじ・はぎ

引抜きはぎ

1 中表に合わせ、端の目に針を入れ、糸をかけて引き抜く

2 2目めに針を入れ、1で引き抜いた目と一緒に引き抜く

3 2を繰り返す

かぶせ引抜きはぎ

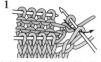
1 中表に合わせ、向う側の端の目を手前の端の目に引き抜く

2 引き抜いた目を、さらに糸をかけて引き抜き、次に2目めを1のように引き抜く

3 針にかかった2目を一度に引き抜く

4 2、3を繰り返す

すくいとじ

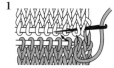

1目と2目めの間の渡り糸を1段ずつ交互にすくう

目と段のはぎ

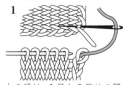
1 上の段は、1目と2目めの間の渡り糸をすくう。下の端の目はメリヤスはぎの要領で入れる

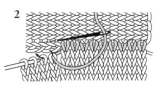
2 はぎ合わせる目数より段数が多い場合は、ところどころで1目に対して2段すくい、均等にはぐ

メリヤスはぎ（伏止めしていない場合）

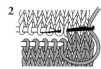
1 メリヤス目を作りながらはぎ合わせる。表を見ながら、右から左へはぎ進む

2 糸は編み目の大きさに合わせて引く

引返し編み

◎左側

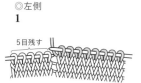
1 5目残す／引返し編みの手前まで編む

2 ゆるまないようにかけ目／すべり目／編み地を持ち替えて、かけ目、すべり目をする

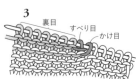
3 裏目／すべり目／かけ目／裏目を編む

◎右側

表目／すべり目／かけ目

引返し編みの手前まで編む。編み地を持ち替えて、かけ目、すべり目をし、続けて表目を編む

段消し

引返し編みが終わったら、かけ目の処理をしながら1段編む。これを段消しという。
裏目で段消しをするときは、かけ目と次の目を入れ替えて編む

◎左側

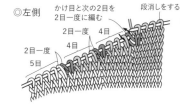
かけ目と次の2目を2目一度に編む／段消しをする／2目一度／4目／2目一度／5目

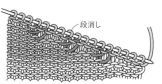
段消しをする

◎右側

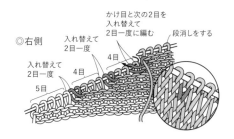
かけ目と次の2目を入れ替えて2目一度に編む／段消しをする／入れ替えて2目一度／4目／入れ替えて2目一度／5目

バルキーカーディガン

see page 8

- **糸** ハマナカ ソノモノ《超極太》(40g玉巻き) ブラウン(13) 710g
- **用具** 12号、8mm 4本棒針　12号輪針(80cm) 8mm輪針(120cm)
- **ゲージ** 模様編み　12目17段が10cm四方 1目ゴム編み　15目が10cm、14段が6cm
- **サイズ** 胸囲121.5cm　着丈51.5cm　ゆき丈74.5cm

編み方　糸は1本どりで編みます。
身頃は、指に糸をかける方法で149目作り目し、12号針で1目ゴム編みとガーター編みを編みます。8mm針に替え、模様編みとガーター編みを編み、休み目にします。袖は、同様に28目作り目して輪にし、12号針で1目ゴム編みとガーター編み、8mm針で模様編みを編みます。ヨークは、前後身頃と袖から拾い目し、模様編みとガーター編みを往復に減らしながら編み、袖は引返し編みをし、続けて、12号針でガーター編み、1目ゴム編みを編み、伏止めにします。脇下の穴を糸端でかがります。

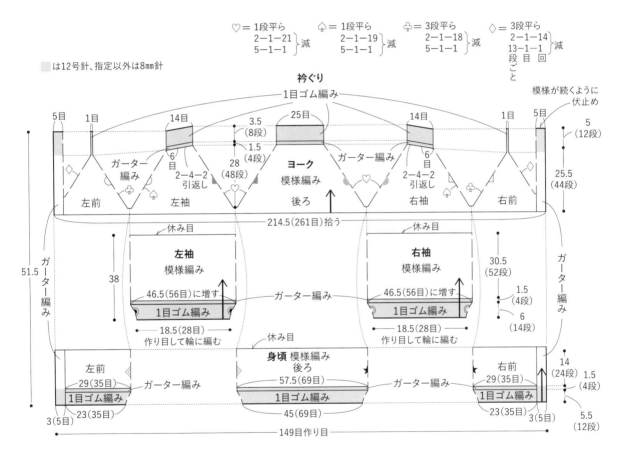

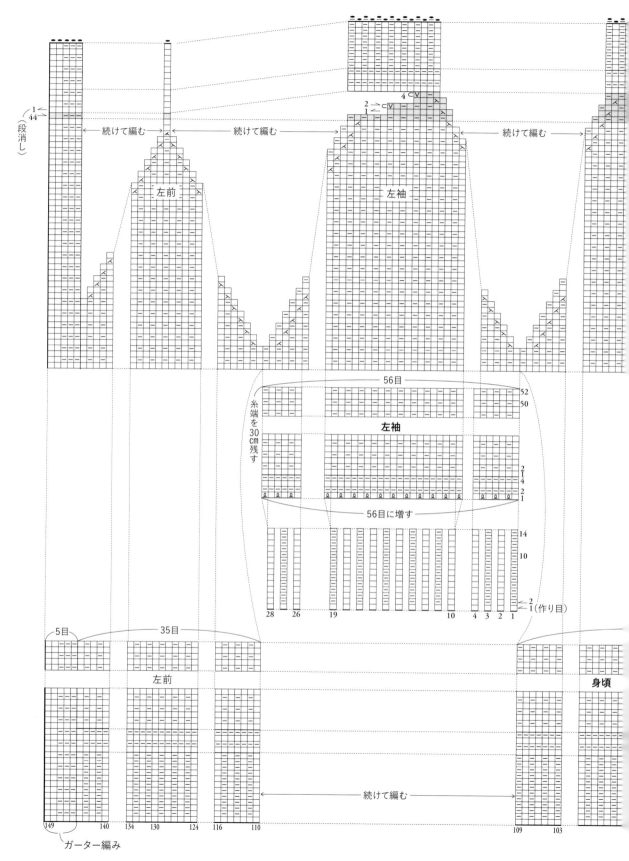

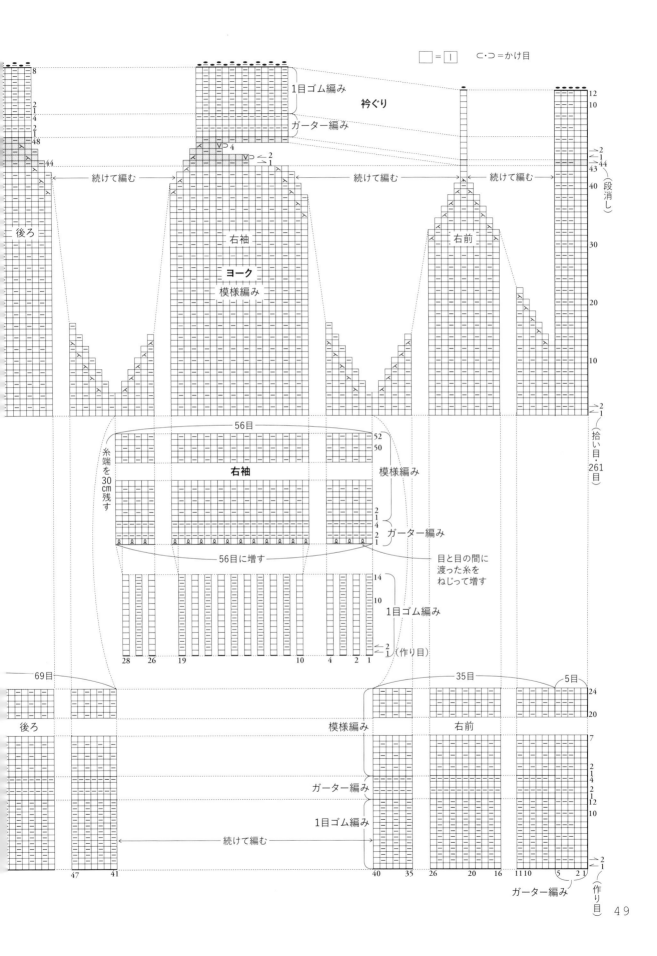

ガンジーセーター

see page 4

糸 ハマナカ ソノモノ《合太》(40g 玉巻き)
オフホワイト(1) 440g

用具 3号2本棒針 3号、4号4本棒針 4号輪針(40cm、80cm)

ゲージ メリヤス編み 26目36段が10cm四方

サイズ 胸囲102cm 着丈55.5cm ゆき丈71.5cm

編み方 糸は1本どりで編みます。
前後裾は、それぞれチャネルアイランドの作り目で132目作り目し、3号針でガーター編みを編みます。前身頃の両端1目ずつを後ろ身頃の目に重ねて262目拾って輪にし、4号針で2目ゴム編みを編みます。続けて、メリヤス編み、模様編みA、Bで脇のまちを作りながら編みます。脇のまちを休み目にします。前後身頃で分けて糸をつけ、132目拾って模様編みBを編み、肩と衿ぐりに分けて休み目にします。肩は、別鎖の作り目で16目作り目し、前後身頃とつなぎながら4号針で模様編みCを編みます。袖は、脇と前後身頃と肩から目を拾い、4号針でメリヤス編みと2目ゴム編み、3号針で2目ゴム編みを編み、伏止めにします。衿は、輪に目を拾い、3号針でガーター編みと2目ゴム編みを編み、伏止めにします。

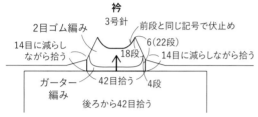

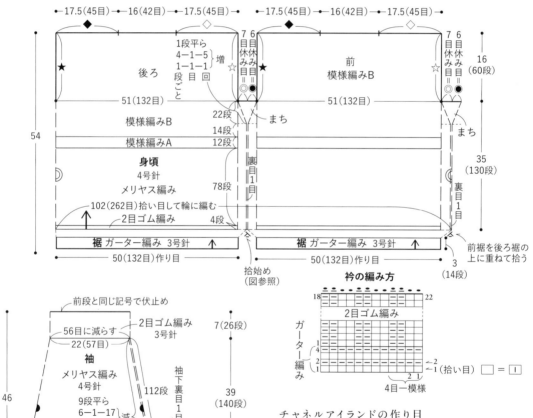

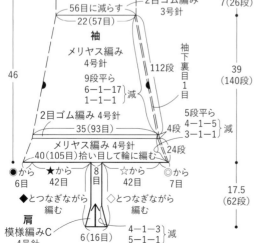

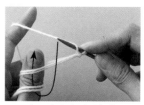

チャネルアイランドの作り目

1 目数幅×2.5の長さの糸を2本用意し、2本一緒に糸の中央で輪を作り、針に通して引き締める。1本は5cm残して切り、3本を使用する。2目と数える。

2 2本の糸を左手の親指に反時計回りに2周巻く。1本の糸を針にかけて矢印のようにすくう。

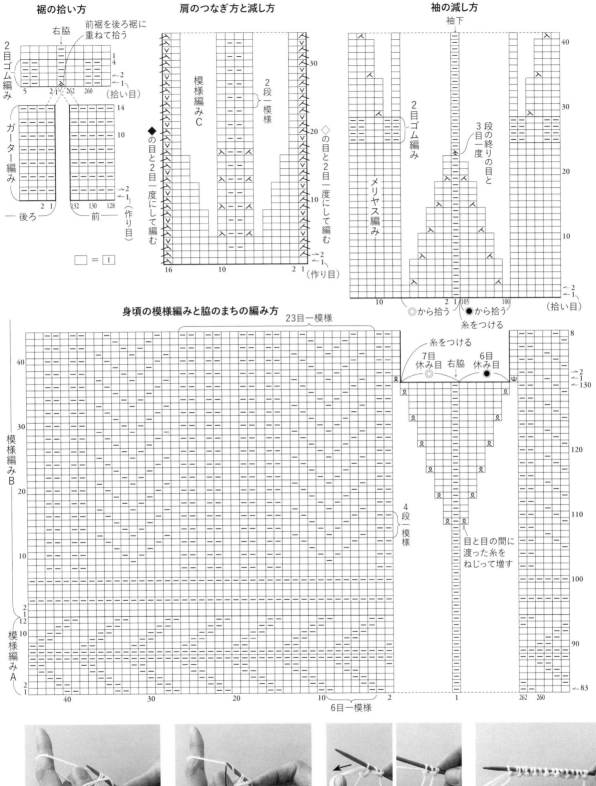

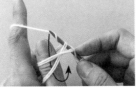

3 すくったところ。

4 表目を編む要領で針に糸をかけて引き出し、親指の糸をはずす。

5 ゆっくり引き締める。4の目の下に結び目ができる。一度の操作で、かけ目と結び目のついた目の2目ができる。

6 2〜5を繰り返す。必要目数の半分の回数を操作することになる。表目1段と数える。

ダイヤ柄のバルキーセーター

see page 6

糸 ハマナカ ソノモノ グラン（50g玉巻き）
オフホワイト（161）655g
用具 13号、15号2本棒針　13号4本棒針
ゲージ 模様編み　12目17段が10cm四方
サイズ 胸囲123cm　着丈55cm　ゆき丈69cm

編み方　糸は1本どりで編みます。
前後身頃は、それぞれ指に糸をかける方法で74目作り目し、13号針で2目ゴム編みを編みます。15号針に替え、ガーター編み、模様編みを編みます。衿ぐりは減らしながら編みます。肩を引抜きはぎにします。袖は、前後身頃から56目拾い、15号針で模様編みとガーター編みを減らしながら編み、13号針に替えて34目に減らし、2目ゴム編みを編み、伏止めにします。脇と袖下をすくいとじにします。衿ぐりは輪に目を拾い、13号針で2目ゴム編みを編み、伏止めにします。

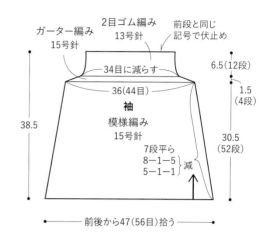

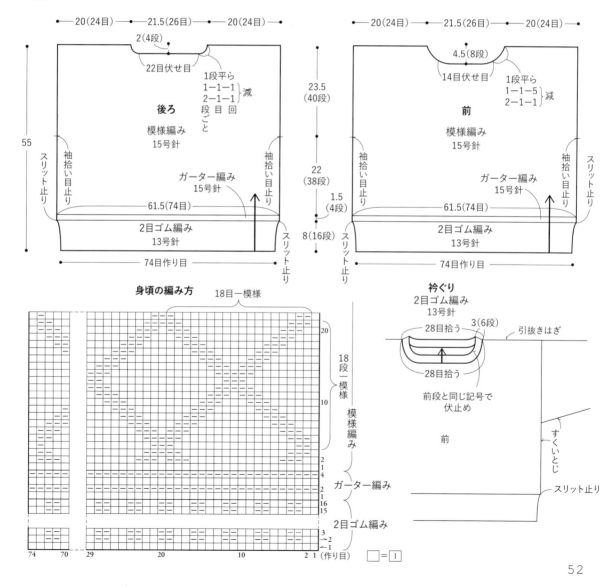

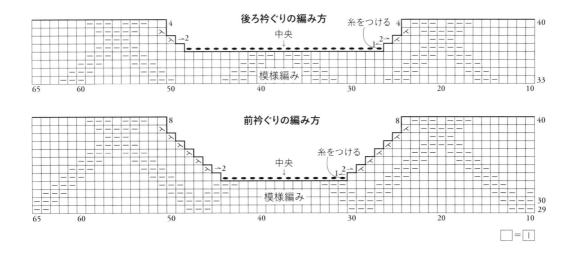
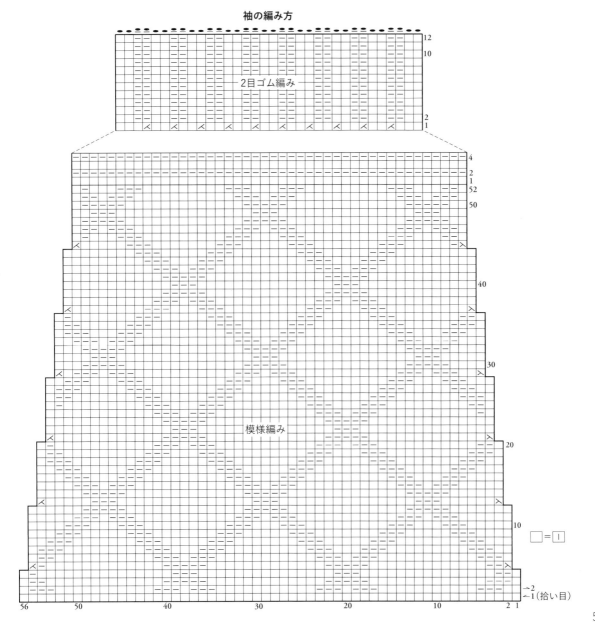

後ろあきのアランベスト

see page 10

糸 ハマナカ ソノモノ アルパカウール(40g玉巻き)
　　オフホワイト(41) 375g
用具 8号、10号2本棒針　8号4本棒針
その他 直径1.8cmのボタン2個
ゲージ かのこ編み　17目24段が10cm四方
　　　模様編み　46目が21cm、24段が10cm
サイズ 身幅50cm　着丈51cm　背肩幅38.5cm

編み方　糸は1本どりで編みます。
前後身頃は、それぞれ指に糸をかける方法で作り目し、8号針でねじり1目ゴム編みを編みます。10号針に替え、模様編みとかのこ編みを編みます。袖ぐりと衿ぐりは減らし、後ろ肩は引返し編みをしながら編みます。後ろ端は、身頃から目を拾い、8号針でねじり1目ゴム編みを編み、伏止めにします。肩をかぶせ引抜きはぎにします。衿ぐりは、左右の後ろ端を重ねて輪に目を拾い、8号針でねじり1目ゴム編みを編み、伏止めにします。袖ぐりは、前後身頃から目を拾い、8号針でねじり1目ゴム編みを編み、伏止めにします。脇をすくいとじにします。タブを編んで、後ろ端にとじつけます。タブにボタンをつけます。

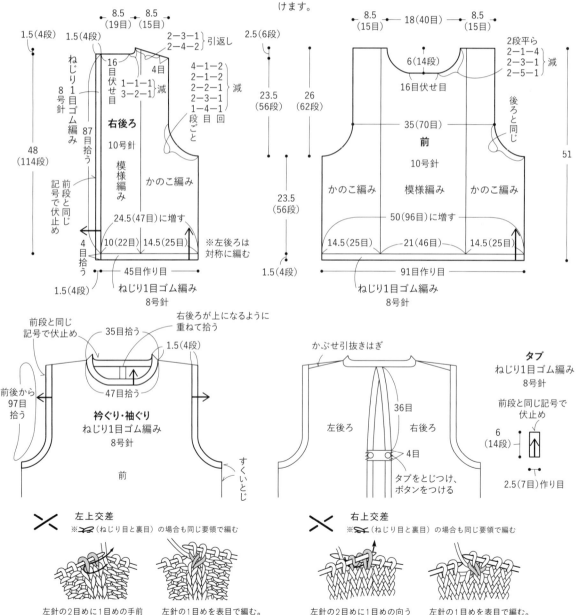

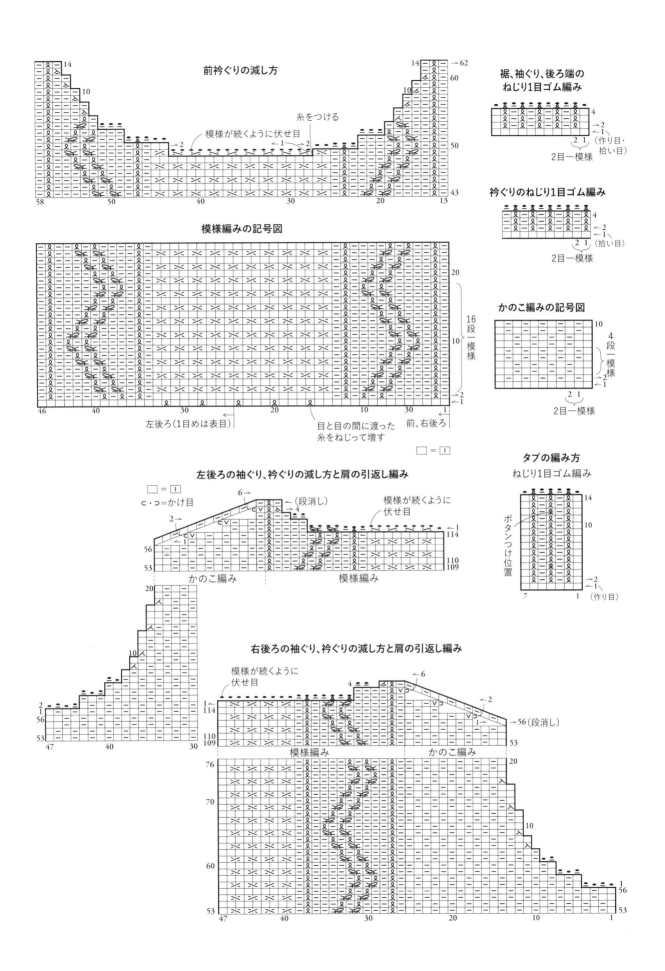

ヘキサゴン柄のカーディガン

see page 12

糸 ハマナカ ソノモノ アルパカリリー（40g玉巻き）
ライトグレー（114）385g
用具 5号、8号2本棒針
その他 直径1.5cmのボタン7個
ゲージ 模様編み　22目29段が10cm四方
サイズ 胸囲106cm　着丈53cm　ゆき丈70cm

編み方　糸は1本どりで編みます。
前後身頃、袖は、それぞれ別鎖で目を作る方法で作り目し、8号針で模様編みをラグラン線で減らしながら編みます。別鎖をほどいて目を拾い、5号針でねじり1目ゴム編みを編みます。袖のラグラン線をすくいとじとメリヤスはぎ、脇と袖下をすくいとじにします。衿ぐりは、5号針で目を拾い、かのこ編みを編みます。前立ては、5号針で身頃と衿ぐりから目を拾い、かのこ編みを編みますが、右前はボタン穴をあけながら編みます。左前にボタンをつけます。

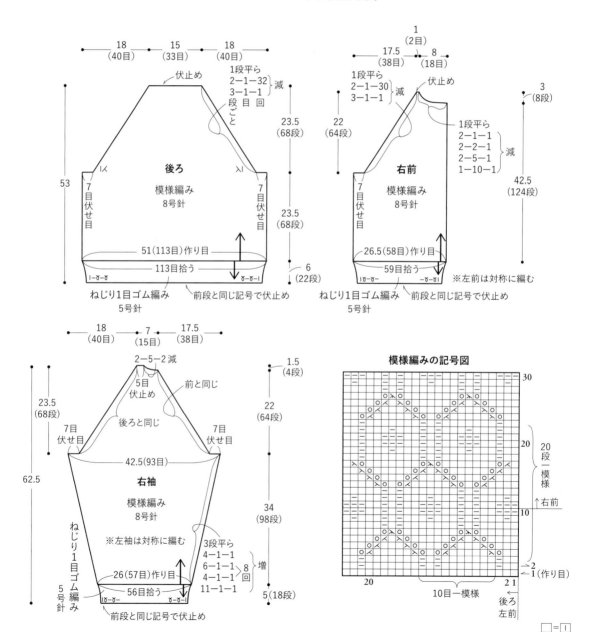

56

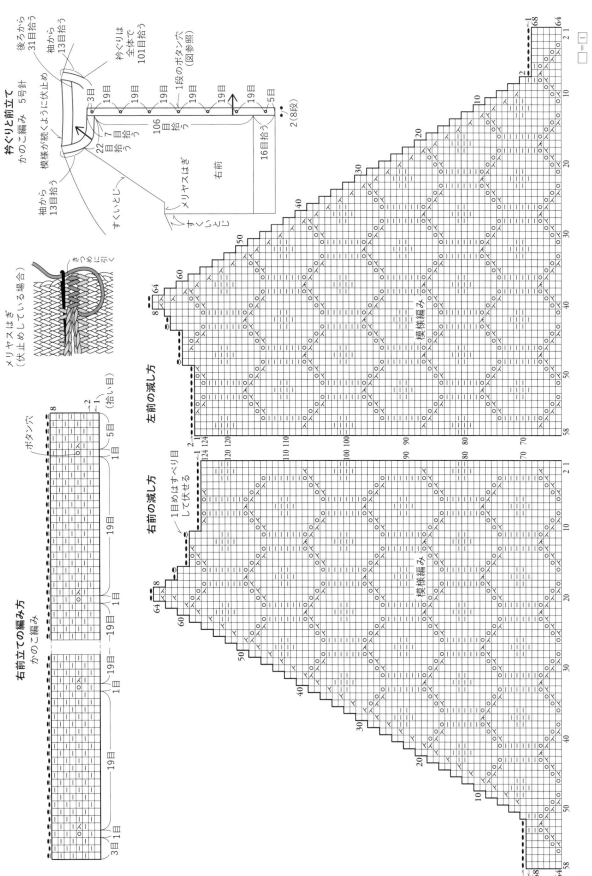

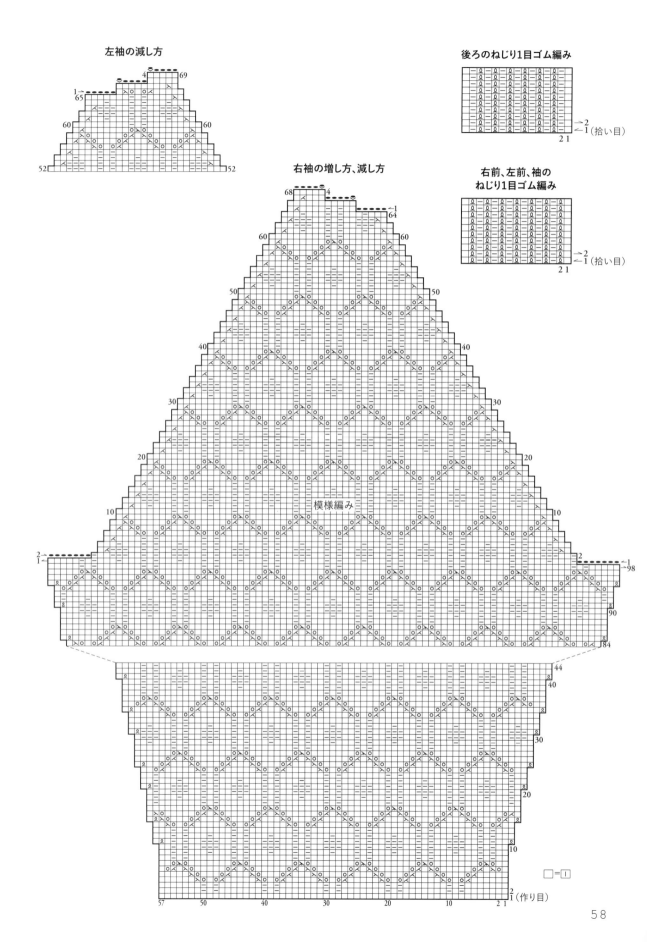

レース柄のベスト
レース柄のチュニック

see page 26, 27

糸 ハマナカ ソノモノ アルパカウール《並太》
(40g玉巻き)
A(ベスト):オフホワイト(61) 355g
B(チュニック):グレー(65) 545g

用具 5号、6号2本棒針 5号4本棒針

ゲージ 模様編み 19.5目26段が10cm四方

サイズ 胸囲118cm、着丈A:51cm B:81.5cm

編み方 糸は1本どりで編みます。
身頃は、指に糸をかける方法で115目作り目し、5号針でガーター編みを4段編みます。6号針に替え、模様編みを増減なく編みます。同じものを2枚編み、肩を引抜きはぎにします。衿ぐりは、輪に目を拾い、5号針でガーター編みを編み、伏止めにします。袖口は、前後身頃から拾い、5号針でガーター編みを編み、伏止めにします。脇と袖口下をすくいとじにします。

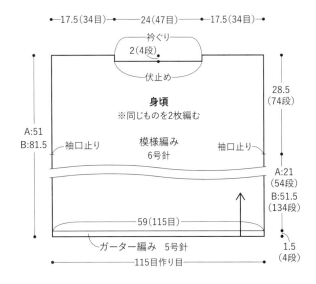

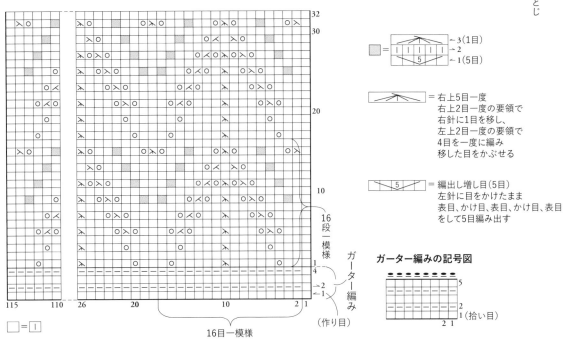

トリニティステッチのセーター

see page 14

糸 ハマナカ ソノモノ ロイヤルアルパカ（25g玉巻き）
　　　ベージュ（142）320g
用具 7号、9号2本棒針　7号4本棒針
ゲージ 模様編み　31.5目24段が10cm四方
サイズ 胸囲98cm　着丈53cm　ゆき丈67.5cm

編み方　糸は1本どりで編みます。
前後身頃は、それぞれ別鎖で目を作る方法で128目作り目し、9号針で模様編みを編みます。肩は引返し編みをし、前衿ぐりは減らしながら編みます。裾は、別鎖をほどいて108目に減らしながら拾い、7号針でねじり1目ゴム編みを編み、1目ゴム編み止めにします。肩をかぶせ引抜きはぎにします。袖は、前後身頃から目を拾い、9号針で模様編みを編みます。7号針に替え、ねじり1目ゴム編みを編み、1目ゴム編み止めにします。衿ぐりは、輪に目を拾い、7号針でねじり1目ゴム編みを編み、1目ゴム編み止めにします。脇と袖下をすくいとじにします。

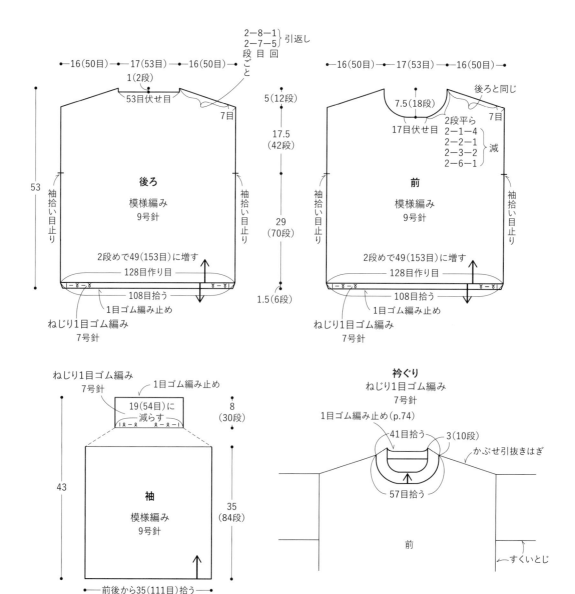

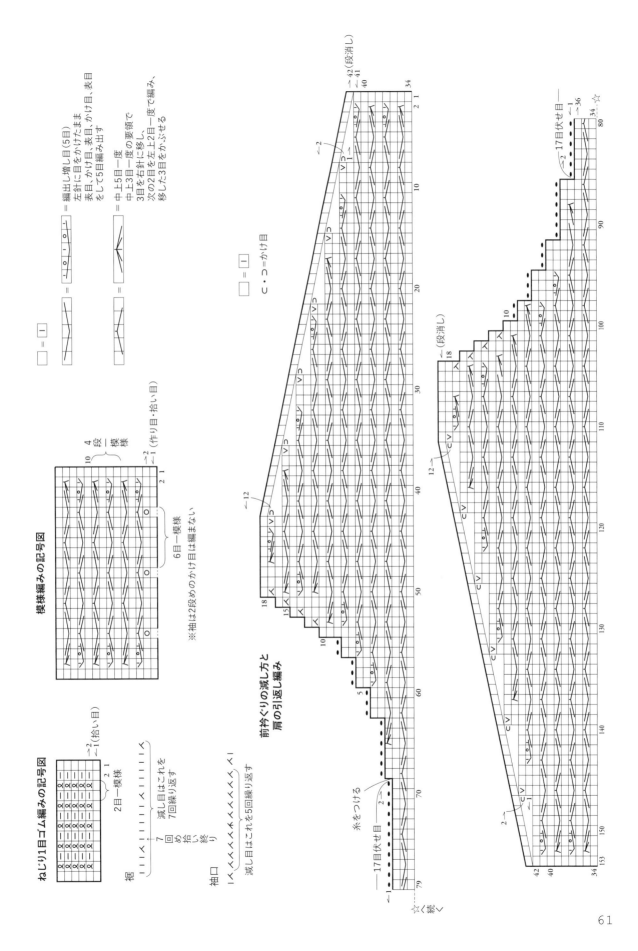

かぎ針編みのプリーツスカート

see page 16

- 糸　ハマナカ ソノモノアルパカウール《中細》(40g玉巻き)　ベージュ(172) 445g、オフホワイト(171) 85g
- 用具　3/0号かぎ針
- その他　幅5cmのゴムテープ70cm
- ゲージ　模様編みA 27.5目が10cm、12段が11cm
- サイズ　ウエスト68cm　スカート丈78cm

編み方　糸は1本どりで、指定の配色で編みます。
スカートは、鎖201目作り目し、模様編みAで編みます。プリーツをたたみ、スチームアイロンで形を整え、一晩つるしておきます。最終段と作り目を巻きかがりはぎにします。ウエストベルトは、ウエスト側から176目拾い、長編みは輪に、模様編みBは往復に編みます。輪に縫ったゴムテープをはさんで最終段を1段めにまつります。

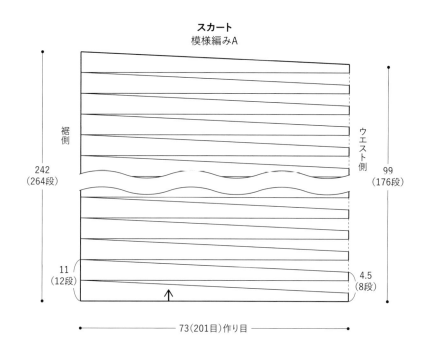

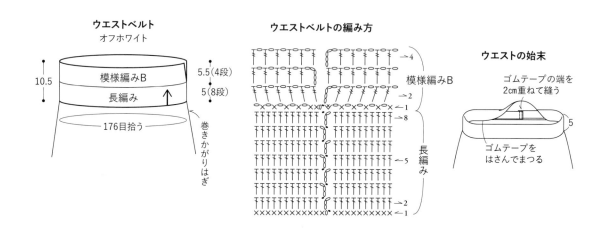

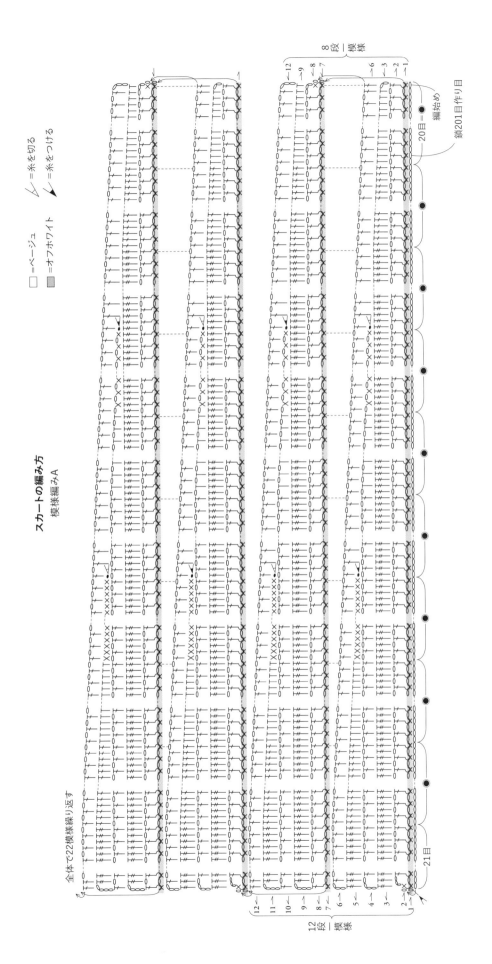

モチーフつなぎのカーディガン

see page 18

糸　ハマナカ ソノモノ アルパカウール《中細》
　　（40g玉巻き）オフホワイト（171）200g、ベージュ
　　（172）95g、ブラウン（173）35g
用具　4/0号、8/0号かぎ針
ゲージ　モチーフ 10×10cm
サイズ　胸囲125cm　着丈51cm　ゆき丈40.5cm

編み方　糸は縁編み以外は1本どりで、指定の配色で編みます。
モチーフは鎖8目を輪にして作り目し、4/0号針で4段めまでを68枚編みます。5段めはモチーフ30枚を番号順につなぎながら2組み編みます。袖を身頃につなぎながら編みます。続けて、脇をネット編みでつなぎます。後ろ中央も同様につなぎます。8/0号針、2本どりで縁編みを編みます。

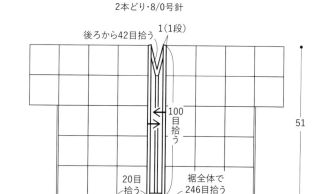

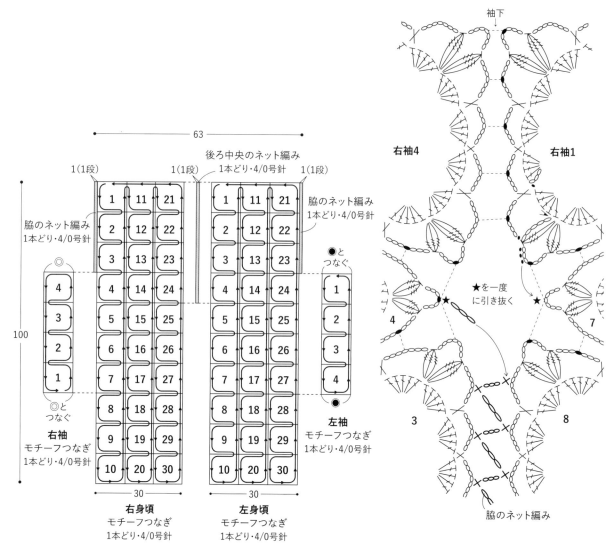

フリルつきカーディガン

see page 20

糸 ハマナカ ソノモノ ヘアリー（25g玉巻き）
チャコールグレー（126）200g
用具 4号、7号2本棒針　3号輪針（60cm）
その他 直径1.5cmのボタン7個
ゲージ メリヤス編み　20目26段が10cm四方
サイズ 胸囲102.5cm　着丈57cm　ゆき丈72.5cm

編み方　糸は1本どりで編みます。
前後身頃、袖は、それぞれ別鎖で目を作る方法で作り目し、7号針でメリヤス編みを編みます。裾、袖口は、別鎖をほどいて目を拾い、4号針で1目ゴム編みを編み、伏止めにします。肩をかぶせ引抜きはぎにします。前立て衿は、前端と衿ぐりから目を拾い、3号針で1目ゴム編みを編みますが、右前はボタン穴をあけながら編みます。フリルは、指に糸をかける方法で作り目し、7号針でメリヤス編みを編み、最終段で減らします。フリルを身頃のフリルつけ位置に目と段のはぎでつけます。脇と袖下をすくいとじにし、袖を引抜きとじでつけます。左前にボタンをつけます。

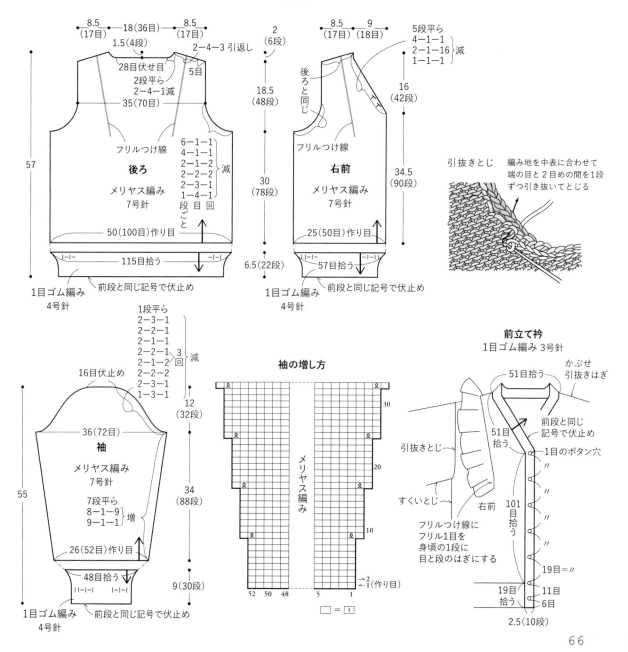

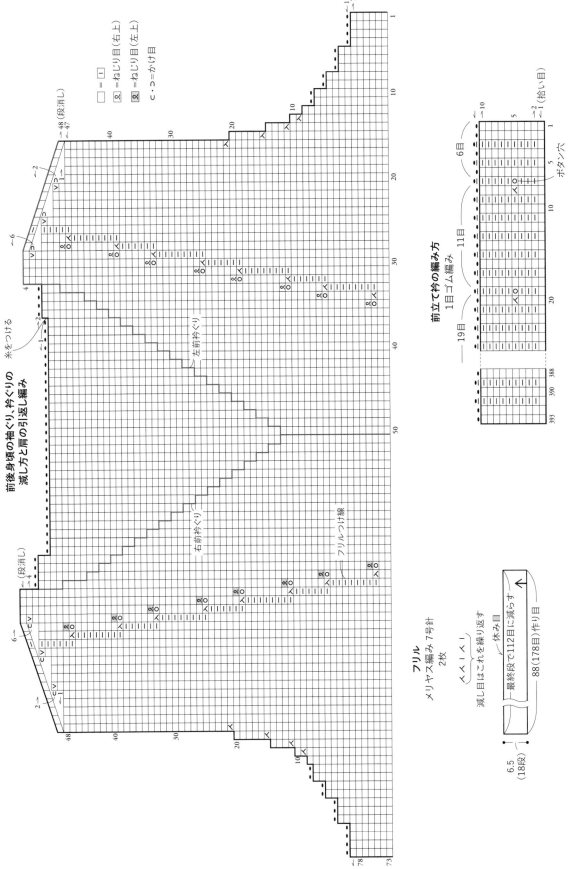

ブリオッシュステッチのセーター

see page 22

糸 ハマナカ ソノモノ アルパカウール(40g玉巻き)
ベージュ (42) 340g、オフホワイト (41) 250g
用具 10号2本棒針（玉つきでないもの）　12号2本棒針　12号4本棒針
ゲージ ブリオッシュ編み　12目32段が10cm四方
サイズ 胸囲113cm　着丈56cm　ゆき丈71.5cm

編み方　糸は1本どりで、指定の配色で編みます。
前後身頃は、それぞれ指に糸をかける方法で作り目し、12号針で1目ゴム編みを14段編み、続けて、2色で1段編込みをします。10号針に替え、ブリオッシュ編みを編みます。衿ぐりは減らしながら編みます。肩を引抜きはぎにします。袖は、前後身頃から12号針で目を拾って10号針に替え、ブリオッシュ編みを編みます。12号針に替え、1目ゴム編みを編み、伏止めにします。衿ぐりは、輪に目を拾い、12号針で1目ゴム編みを編み、伏止めにして内側に折ってまつります。脇と袖下をすくいとじにします。

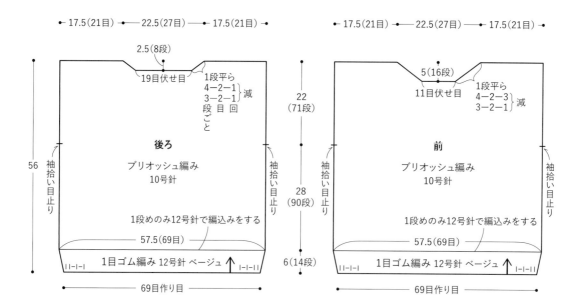

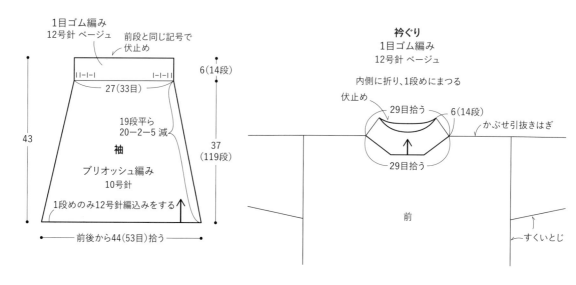

68

袖の減し方

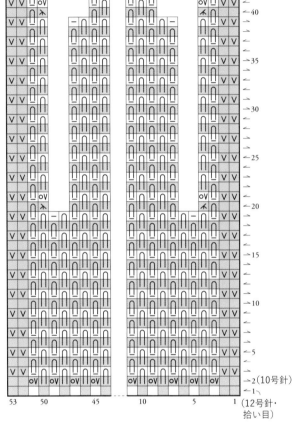

ブリオッシュ編みの記号図

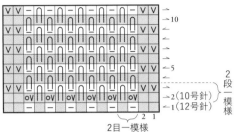

■ =ベージュ　　□ = |
□ =オフホワイト
|oV| =かけ目、すべり目をする

後ろ衿ぐりの減し方

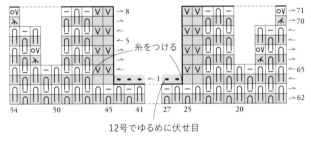

糸をつける
12号でゆるめに伏せ目

前衿ぐりの減し方

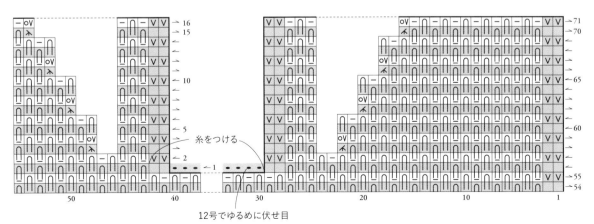

糸をつける
12号でゆるめに伏せ目

69

ジグザグ模様のタートルネックセーター

see page 24

糸 ハマナカ ソノモノ アルパカウール《並太》(40g玉巻き)
　　 キャメル(571) 575g
用具 4号、6号2本棒針　3号、4号、5号4本棒針
ゲージ 模様編み　22.5目31段が10cm四方
サイズ 胸囲118cm　着丈60.5cm　ゆき丈67.5cm

編み方　糸は1本どりで編みます。
前後身頃は、それぞれ別鎖で目を作る方法で133目作り目し、6号針で模様編みを編みます。肩は引返し編みをし、衿ぐりは減らしながら編みます。別鎖をほどいて目を拾い、裾を4号針で2目ゴム編みを編み、伏止めにします。肩をかぶせ引抜きはぎにします。袖は、前後身頃から目を拾い、6号針で模様編みを減らしながら編みます。4号針に替え、2目ゴム編みを編み、伏止めにします。衿は、輪に目を拾い、4号針、3号針、5号針に替えながら2目ゴム編みを編み、伏止めにします。脇と袖下をすくいとじにします。

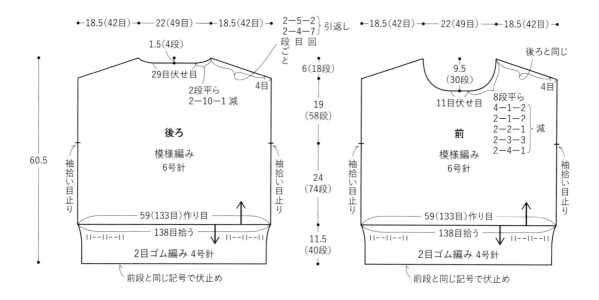

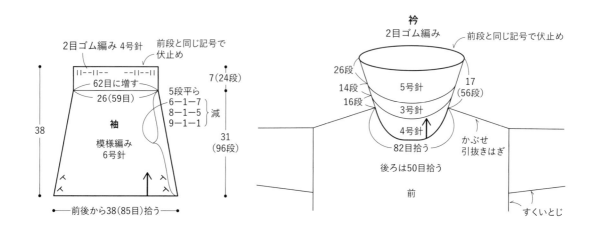

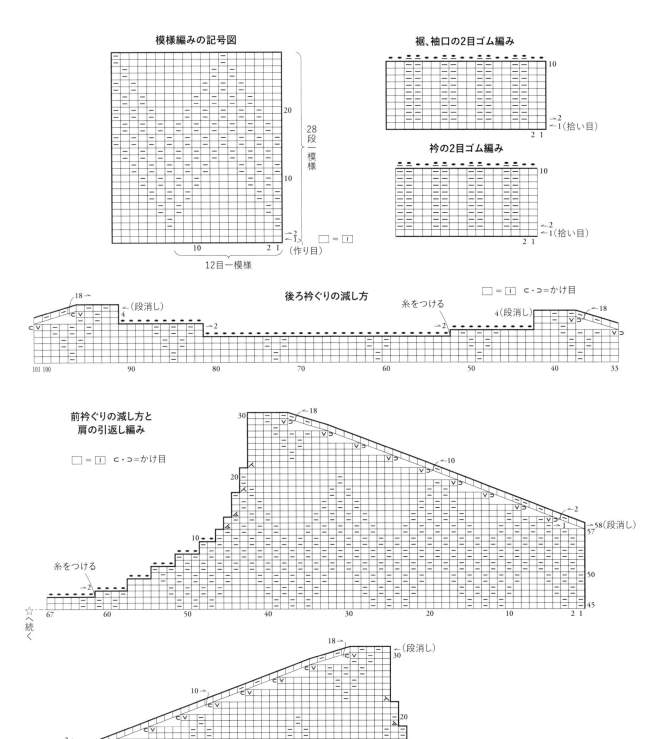

アイスランド風ヨークセーター

see page 28

糸　　ハマナカ ソノモノ グラン (50g玉巻き)
　　　ブラウン(163)525g、オフホワイト(161)135g、ベージュ
　　　(162)95g
用具　7mm、8mm輪針 (40cm、80cm)
ゲージ　メリヤス編み　11目16段が10cm四方
　　　　メリヤス編みの編込み模様B　11目13.5段が10cm四方
サイズ　胸囲109cm　着丈63.5cm　ゆき丈68cm

編み方　糸は1本どりで、指定の配色で編みます。
身頃は、指に糸をかける方法で120目作り目して輪にし、7mm針で1目ゴム編みを編みます。8mm針に替え、メリヤス編みを増減なく編み、後ろの最後4段のみ往復に編んで目を休めます。袖は、同様に36目作り目して輪にし、7mm針で1目ゴム編みを編み、8mm針に替え、メリヤス編みの編込み模様Aとメリヤス編みを増しながら編みます。身頃と袖の4目休み目をメリヤスはぎ、合い印 (★) どうしを目と段のはぎにします。ヨークは身頃と袖の休み目から輪に182目拾い、8mm針でメリヤス編みの編込み模様Bを全体で減らしながら編みます。衿ぐりは、7mm針で1目ゴム編みを編み、伏止めにします。

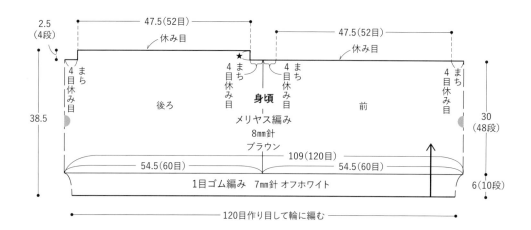

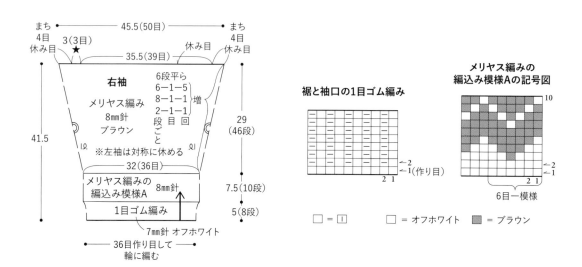

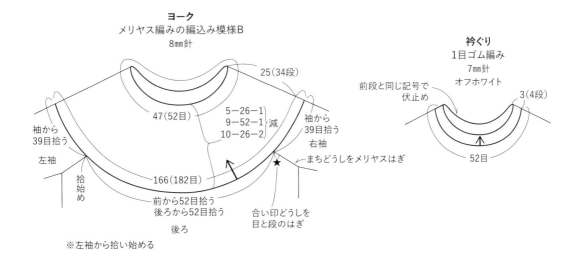

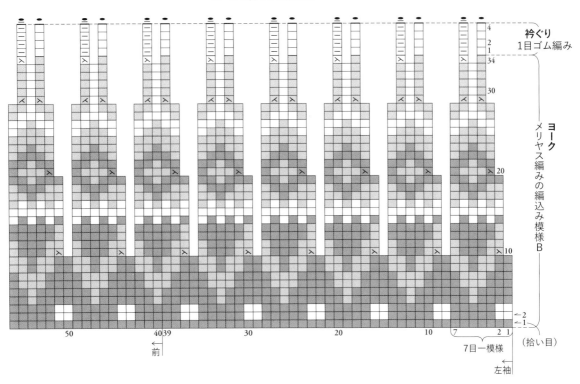

□ = ｜　□ = オフホワイト　□ = ベージュ　■ = ブラウン

糸を横に渡す編込み

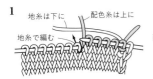

1 配色糸の編始めは結び玉を作って右針に通してから編むと目がゆるまない。結び玉は次の段でほどく

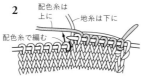

2 裏に渡る糸は編み地が自然におさまるように渡し、引きすぎないようにする

裏に渡る糸が長くなるとき
（裏に糸が4～5目以上渡るときに、渡り糸をとめる方法）

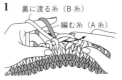

1 編む糸（A糸）を上にして編む

2 2～3目ごとに裏に渡る糸（B糸）を上にしてA糸で編む

ドロップショルダーのベスト

see page 30

糸	ハマナカ ソノモノ アルパカウール(40g玉巻き) ライトグレー (44) 385g
用具	10号2本棒針　8号4本棒針
ゲージ	模様編み　18目23段が10cm四方
サイズ	胸囲103cm　着丈53cm　背肩幅51.5cm

編み方　糸は1本どりで編みます。
前後身頃は、それぞれ指に糸をかける方法で作り目し、10号針で1目ゴム編みと模様編みを編みます。肩と前衿ぐりは減らしながら編みます。肩と脇をすくいとじにします。衿ぐりは、輪に目を拾い、8号針で1目ゴム編みを編み、1目ゴム編み止めにします。

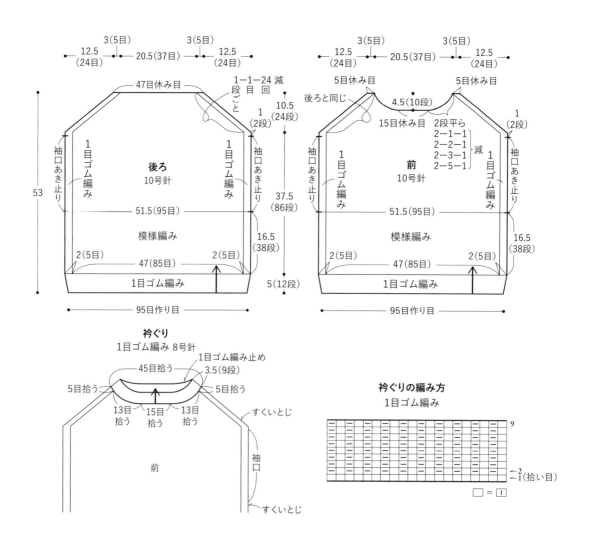

1目ゴム編み止め（輪編み）

1 1の目を飛ばして2の目の手前から針を入れる。1の目に戻って手前から、3の目の向うから針を入れる

2 2の目に戻って向うから、4の目の手前から針を入れる。以降、表目どうし、裏目どうしに針を入れる

3 編終りの表目に手前から、1の目の向うから針を入れる

4 編終りの裏目に向うから、ゴム編み止めをした糸をくぐってさらに2の裏目の手前から針を入れる

5 止め終わったところ

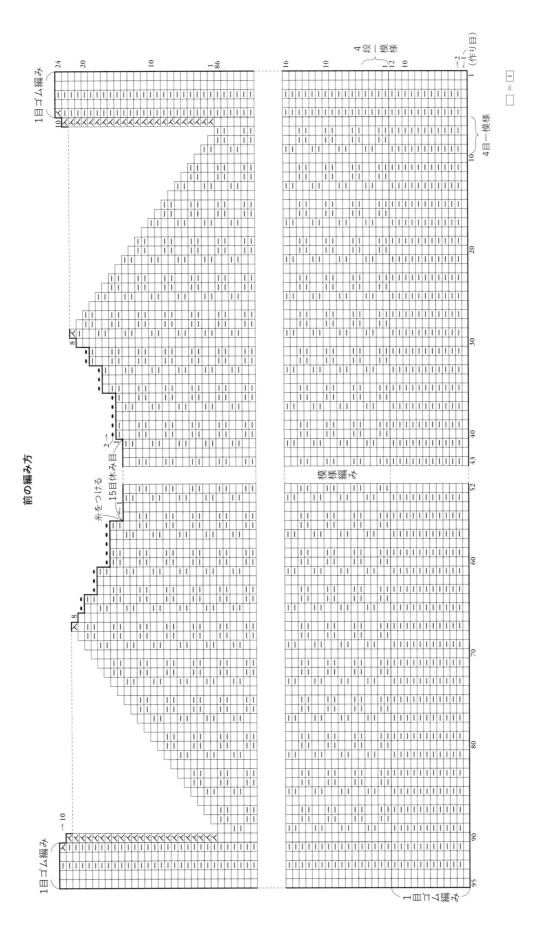

ノルディック柄のセーター
see page 32

糸 ハマナカ ソノモノアルパカウール《中細》
（40g玉巻き）グレー（175）250g、オフホワイト
（171）120g
用具 2号、4号4本棒針
ゲージ メリヤス編みの編込み模様 32目34段が10cm
四方
サイズ 胸囲105cm 着丈56.5cm ゆき丈70cm

編み方 糸は1本どりで、指定の配色で編みます。
身頃、袖は、それぞれ別鎖で目を作る方法で作り目にして輪にし、4号針でメリヤス編みの編込み模様（p.73）を編みます。別鎖をほどいて目を拾い、裾と袖口を2号針で2目ゴム編みを編み、伏止めにします。ヨークは、前後身頃と袖から480目拾い、4号針で模様編みを全体で減らしながら編みます。後ろ衿ぐりは、メリヤス編みで引返し編みをしながら編みます。衿ぐりは、2号針で2目ゴム編みを編み、伏止めにします。まちをメリヤスはぎにします。

身頃のメリヤス編みの編込み模様の記号図

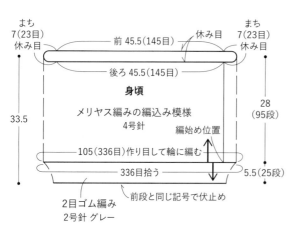

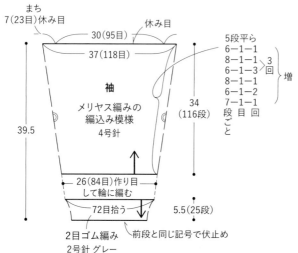

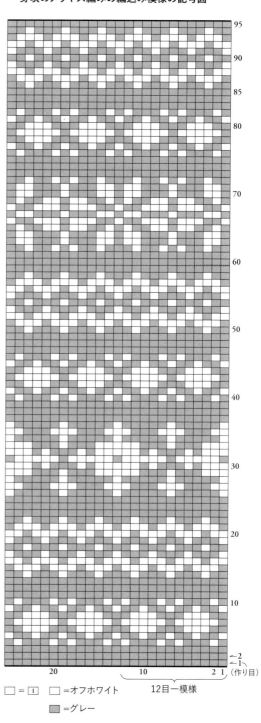

袖の編み方

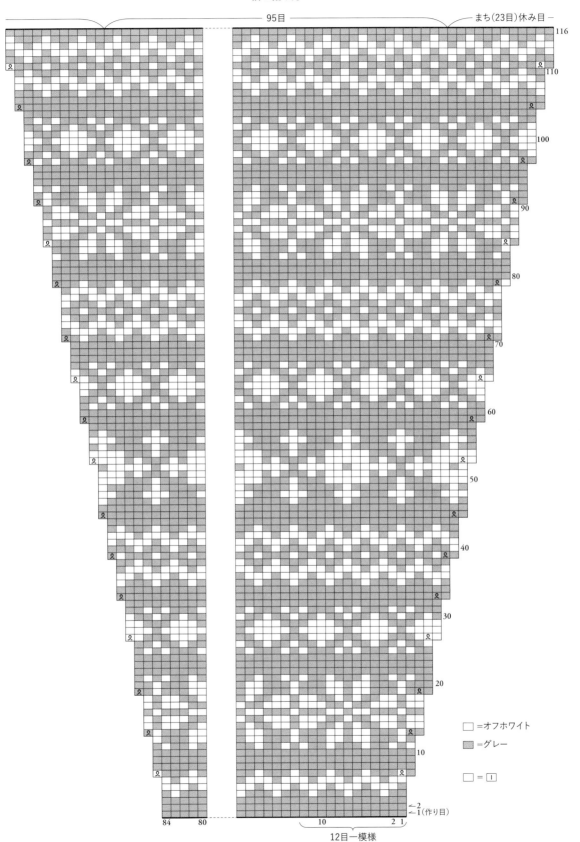

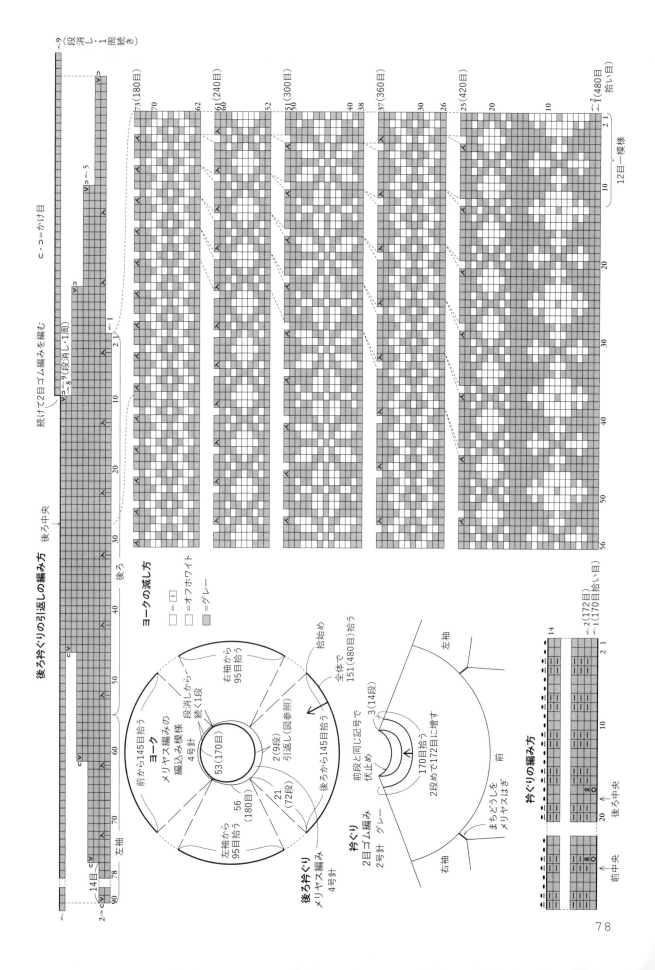

花模様のカーディガン

see page 34

糸	ハマナカ ソノモノ ヘアリー（25g玉巻き） ベージュ（122）310g
用具	10号2本棒針
その他	直径1.5cmのボタン8個
ゲージ	模様編み 16目24段が10cm四方
サイズ	胸囲104.5cm 着丈55.5cm ゆき丈78.5cm

編み方 糸は2本どりで編みます。
後ろは、指に糸をかける方法で70目作り目し、1目ゴム編みを編みます。79目に増し、模様編みを脇で増しながら編みます。袖ぐりと衿ぐりで減らし、肩は引返し編みをします。前は後ろと同様に編みますが、右前はボタン穴をあけながら編みます。袖は同様に作り目し、1目ゴム編みと模様編みを増減しながら編みます。肩をかぶせ引抜きはぎにし、脇と袖下をすくいとじにします。袖山の中央でタックをたたみ、引抜きとじでつけます。衿ぐりは拾い目し、ボタン穴をあけながらガーター編みを往復に編みます。左前にボタンをつけます。

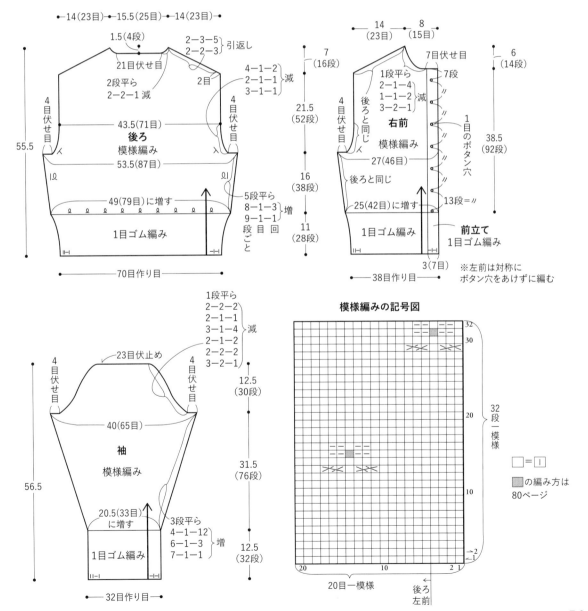

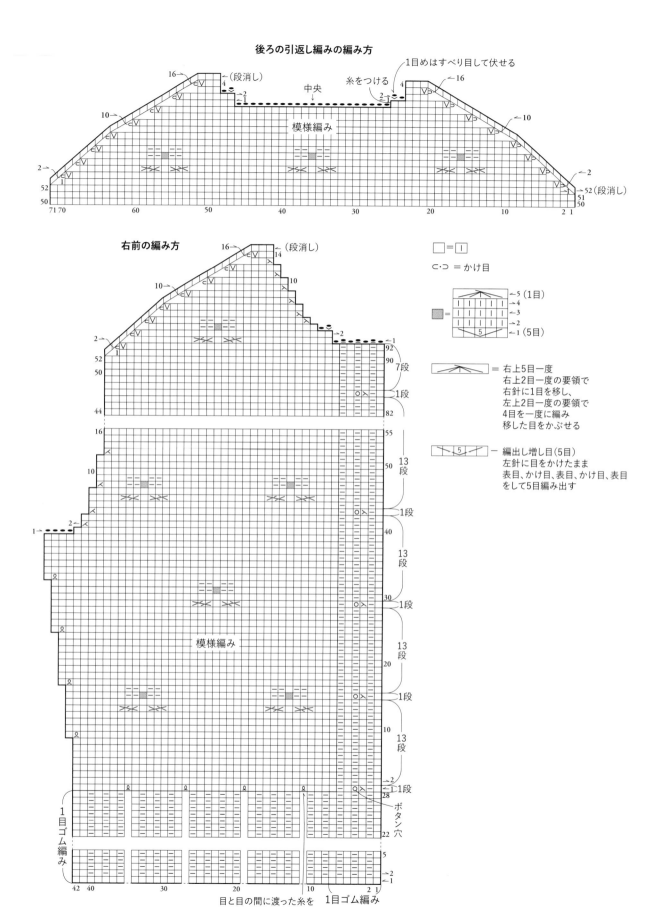

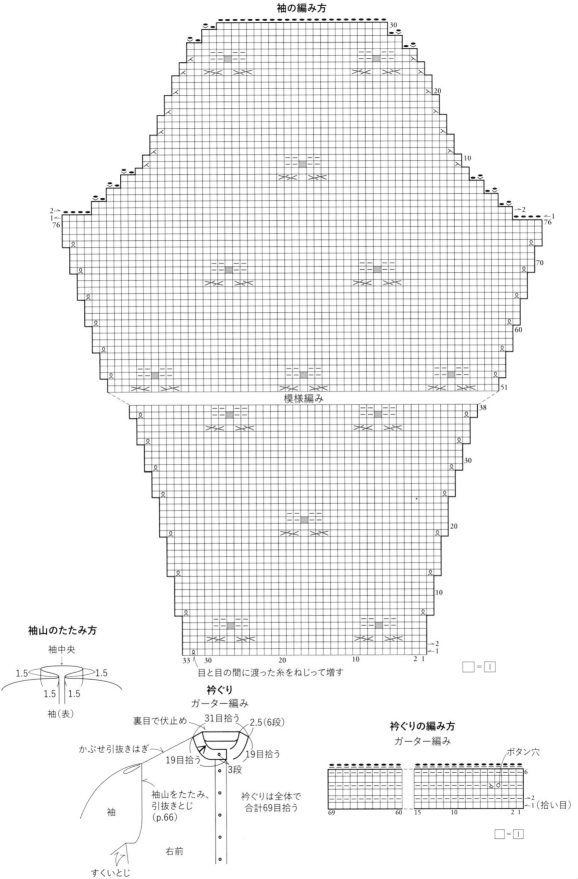

ふわもこカーディガン

see page 36

糸 ハマナカ ソノモノ アルパカブークレ(40g玉巻き)
ベージュ (152) 310g
ハマナカ ソノモノ アルパカウール《並太》
(40g玉巻き) ライトキャメル (570) 110g
用具 6号、8号2本棒針
その他 直径2.5cmのボタン6個
ゲージ 裏メリヤス編み　14目19段が10cm四方
1目ゴム編み　28目24段が10cm四方
サイズ 胸囲114cm　着丈68cm　ゆき丈70cm

編み方 糸は1本どりで、指定の糸で編みます。
後ろは、指に糸をかける方法で159目作り目し、6号針で1目ゴム編みを編み、8号針に替えて80目に減らし、裏メリヤス編みを編みます。前は、後ろと同様に編みますが、ポケットあきは別糸を編み込みます。ポケットあきの別糸を抜いて目を拾い、ポケット口は1目ゴム編みを編み、身頃にすくいとじでつけます。ポケット裏は裏メリヤス編みを編み、身頃にまつりつけます。袖は同様に作り目し、1目ゴム編みと裏メリヤス編みで増減しながら編みます。脇と袖下をすくいとじし、袖を引抜きとじでつけます。前立て衿は同様に作り目し、1目ゴム編みで編み、すくいとじでつけます。左前にボタンをつけます。

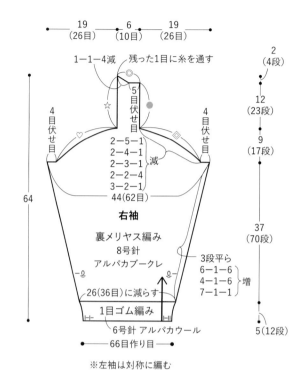

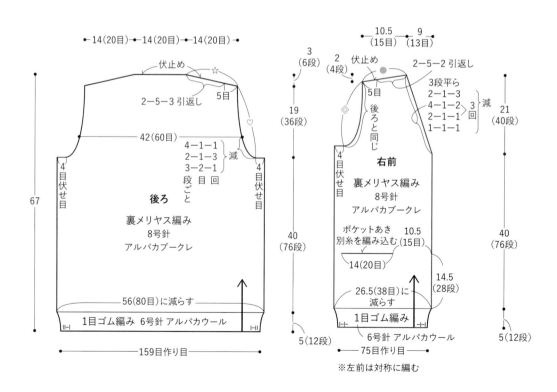

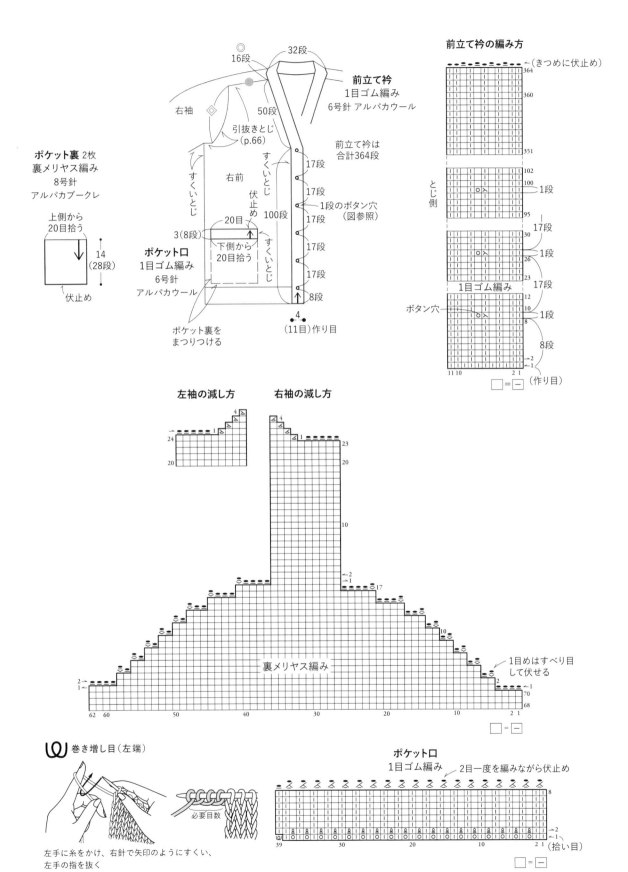

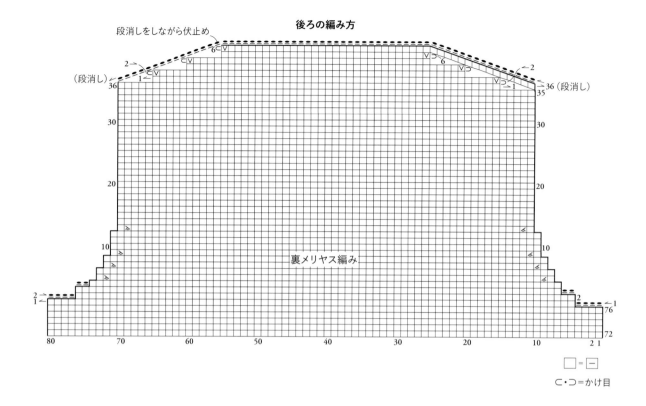

後ろの編み方

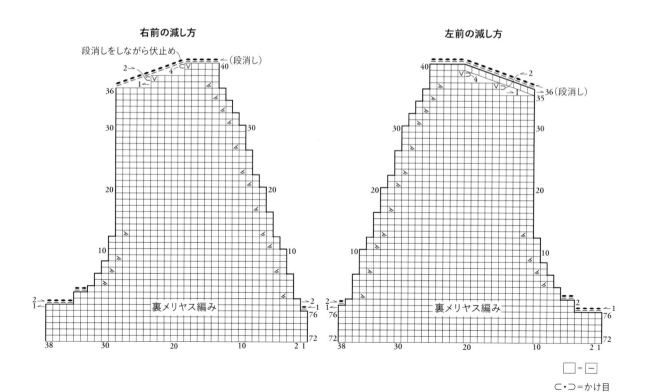

右前の減し方 　　　　　左前の減し方

方眼編みのベスト

see page 38

糸　ハマナカ ソノモノ《合太》(40g 玉巻き)
　　オフホワイト (1) 230g
用具　4/0号かぎ針
ゲージ　模様編み　30目10段が10cm四方
サイズ　胸囲100.5cm　着丈49.5cm　背肩幅38.5cm

編み方　糸は1本どりで編みます。
身頃は、鎖250目作り目し、模様編みで増減しながら編みます。肩を中表で巻きかがりはぎにします。裾・前立て・衿ぐりと袖ぐりに縁編みを編みます。リボンは鎖80目作り目し、細編みで編み、前立ての裏側に縫いつけます。

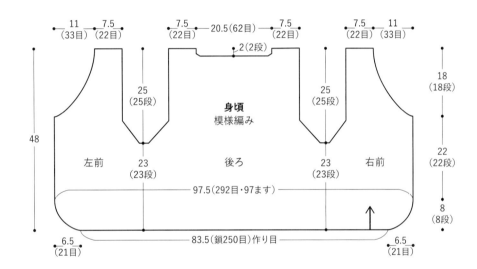

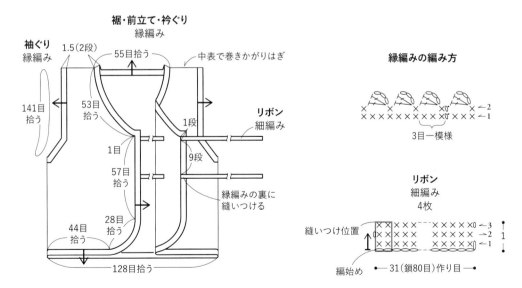

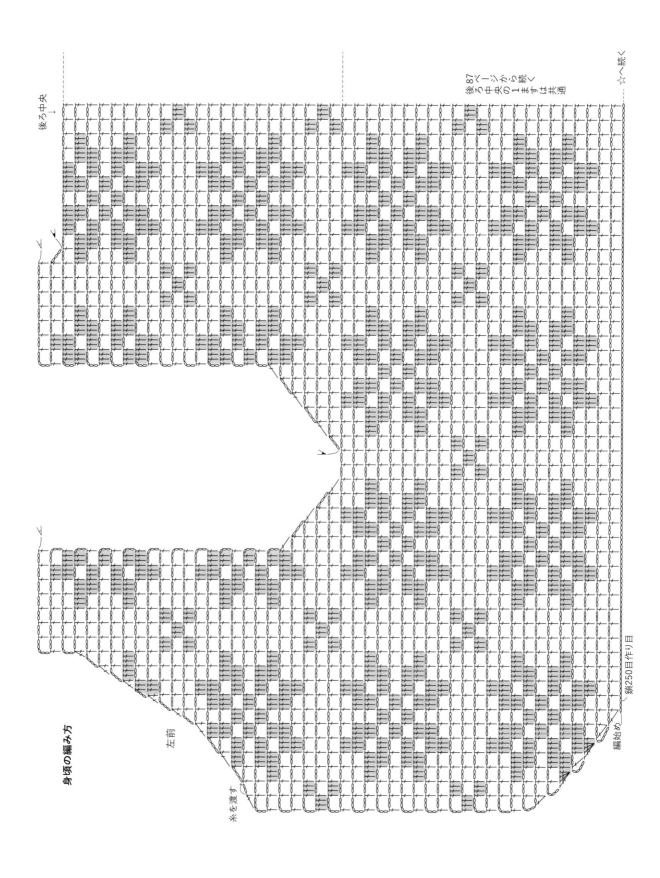

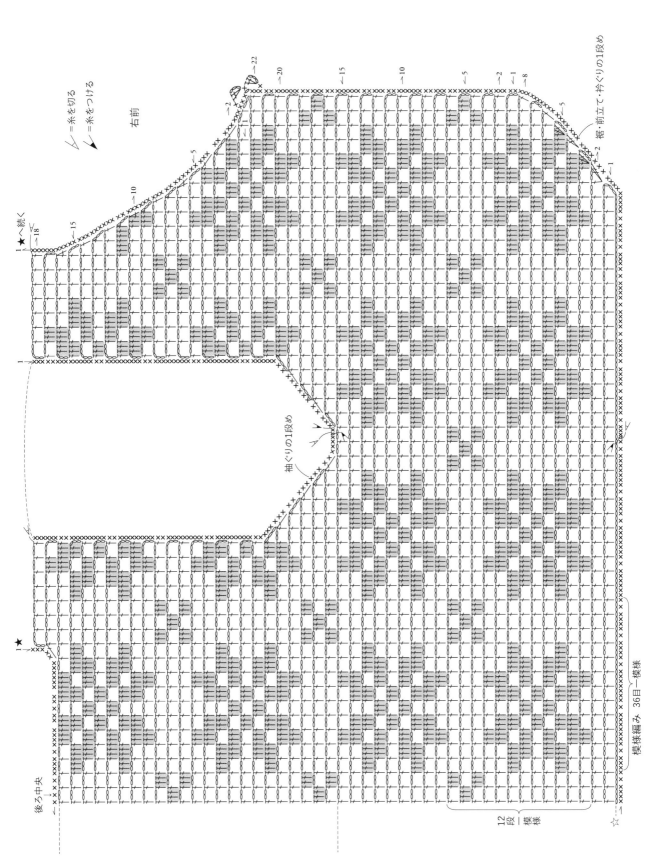

天然の色を編む

ソノモノオオモノ

文化出版局 編

2024年9月8日　第1刷発行

発行者｜清木孝悦
発行所｜学校法人文化学園 文化出版局
　　　　〒151-8524
　　　　東京都渋谷区代々木 3-22-1
　　　　TEL. 03-3299-2487（編集）
　　　　TEL. 03-3299-2540（営業）
印刷・製本所｜株式会社文化カラー印刷

© 学校法人文化学園 文化出版局 2024　Printed in Japan
本書の写真、カット及び内容の無断転載を禁じます。

・本書のコピー、スキャン、デジタル化等の無断複製は著作権法上での例外を
除き、禁じられています。
・本書を代行業者等の第三者に依頼してスキャンやデジタル化することは、たと
え個人や家庭内での利用でも著作権法違反になります。
・本書で紹介した作品の全部または一部を商品化、複製頒布、及びコンクール
などの応募作品として出品すること は禁じられています。
・撮影状況や印刷により、作品の色は実物と多少異なる場合があります。ご了
承ください。

文化出版局のホームページ
https://books.bunka.ac.jp/

Designers

池上舞　岡まり子　岡本啓子　風工房　鎌田恵美子
河合真弓　川路ゆみこ　岸睦子　サイチカ　武田敦子
野口智子　blanco　marshell

Staff

ブックデザイン｜山本祐衣
撮影｜清水奈緒
　　　｜安田如水 (p.40、50-51／文化出版局)
スタイリスト｜荻野玲子
ヘアメイク｜宇津木明子
モデル｜記虎ミア
編み方解説｜道本さやか (p.47-49、52-53、56-59、72-73、79-84)
　　　　　｜ミドリノクマ (p.50-51、54-55、60-71、74-78、85-87)
DTP製作｜文化フォトタイプ
校閲｜向井雅子
編集｜三角紗綾子 (文化出版局)

この本の作品はハマナカ手芸手あみ糸を使用しています。
糸については下記へお問い合わせください。
ハマナカ
http://www.hamanaka.co.jp/

撮影協力
軽井沢 キャボットコーヴ https://cabotcove.jp
ピクチャレスク・ガーデン (軽井沢 ムーゼの森)　https://museen.org/garden

衣装協力
MAIDEN COMPANY　TEL.03-5410-9777
(p.19、22、30 のブレスレット、p.27 のバングル／ ERICKA NICOLAS BEGAY、
　p.27 のシャツ／ INDIVIDUALIZED SHIRTS)

YAECA　TEL.03-6426-7107
(p.10、11 のシャツ／ YAECA WRITE、
　p.10、11、38、39 のチノパンツ／ YAECA CANVAS DESIGN)

YAECA APARTMENT STORE　TEL.03-5708-5586
(p.36、37 のスウェット／ YAECA)

YAECA HOME STORE　TEL.03-6277-1371
(p.22、23、33 のパンツ、p.27、30 のデニムパンツ／ YAECA CONTEMPO)